Willi Rolfes (Hrsg.)
Da berühren sich Himmel und Erde

Willi Rolfes (Hrsg.)

Da berühren sich Himmel und Erde

Fotografien von Willi Rolfes

Impressum

Die Deutsche Bibliothek –
CIP-Einheitsaufnahme
Da berühren sich Himmel und Erde : Bilder und
Gebete junger Menschen / Willi Rolfes (Hrsg.).
– Hildesheim : Bernward in der Verl.-Ges.
Benno-Bernward-Morus, 1995
   ISBN 3-89543-046-3

© 1995 Verlagsgesellschaft
Benno-Bernward-Morus mbH, Hildesheim
Layout: Lutz Engelhardt, Hildesheim
Umschlagfoto: Willi Rolfes, Vechta
Satz: O&S Satzteam, Hildesheim
Herstellung: Druckhaus Benatzky, Hannover
ISBN 3-89543-046-3

Inhaltsverzeichnis

rwort	7
rühren	8
sion	10
rtrauen	12
äumen	14
ott finden	16
au in Grau	18
nsucht haben	20
ndernisse des Lebens	22
ht des Herzens	24
s sein	26
sten	28
offen	30
achten	32
genbogenfarben	34
… das Herz weiten	36
Der Baum – Zeichen des Lebens	38
Steine im Weg	40
Chaos	42
… mich leiten lassen	44
Leben	46
Sprudeln	48
Verdunkelt	50
Verabschieden	52
… sich geborgen fühlen	54
Voll Zuversicht in einen neuen Tag gehen	56
Übernachten	58
Licht und Finsternis	60
Quellenverzeichnis	63
Autorenverzeichnis	64

Vorwort

Dieses Buch geht auf eine Initiative des Bundes der Deutschen Katholischen Jugend (BDKJ), Landesverband Oldenburg zurück. Die Verantwortlichen haben sich zum Ziel gesetzt, die Sprachlosigkeit von Jugendlichen im religiösen Bereich überwinden zu helfen.

Wo Himmel und Erde sich berühren, da leben wir Menschen. Das Buch zeigt Naturfotografien, die Hilfestellungen geben können, tiefere Wahrheiten zu erschließen.

So entstand die Idee, ein Projekt zu beginnen, und einen größeren Kreis von jungen Menschen aufzurufen und zu ermutigen, aus ihrer Glaubensbiographie zu berichten und ein persönliches Gebet zu formulieren. Ich habe jungen Menschen Naturfotografien vorgelegt, verbunden mit der Bitte, sich davon inspirieren zu lassen und nach einer vorgegebenen Gliederung einen Text der Zeitgeschichte, einen biblischen Text und ein persönliches Gebet zu erarbeiten. Dies geschah sowohl von Einzelnen wie auch in Gruppen, etwa im Rahmen eines thematischen Wochenendes. Das Buch greift somit Themen, Wünsche und Sehnsüchte junger Menschen in ihrer eigenen (Gebets-)sprache auf. Die entstandenen Texte lassen insgesamt das Suchen nach und das Ringen mit Gott im Alltag erkennen.

Einen herzlichen Dank möchte ich den Autorinnen und Autoren für ihre Bereitschaft sagen, aus ihrer Gottesbeziehung anderen mitzuteilen.

Ein besonderer Dank gilt der Verlagsgesellschaft Benno-Bernward-Morus und ihren Mitarbeiterinnen und Mitarbeitern, die sich auf das Wagnis dieses Projektes eingelassen haben.

Dem Leser wünsche ich, daß dieses Buch ihm Anregung und Ermutigung zum persönlichen Gebet schenkt.

Willi Rolfes

Berühren

Wo Menschen sich vergessen,
die Wege verlassen
und neu beginnen,
ganz neu,
da berühren sich
Himmel und Erde,
daß Frieden werde unter uns,
da berühren sich
Himmel und Erde,
daß Frieden werde unter uns.

Thomas Lauterbach

*Da kam ein Aussätziger,
fiel vor ihm nieder und sagte:
Herr, wenn du willst,
kannst du machen,
daß ich rein werde.
Jesus streckte die Hand aus,
berührte ihn und sagte:
Ich will es – werde rein!
Im gleichen Augenblick
wurde der Aussätzige rein.*

Mt 8, 2–3

Berühren bedeutet Zuwendung und
Zuneigung, ja, auch Heilung, so wie
die Heilung vieler Kranker durch Jesus.
Durch Berührung kann man anderen
zeigen, daß man sie mag.
Man kann jemanden nicht nur mit
Händen berühren, sondern auch mit
lieben, netten Worten.
Auf dem Bild berühren sich Himmel
und Erde, und alles sieht so friedlich aus.
Alles ist ruhig und still.
Niemand und nichts ist da,
was diesen Frieden stören könnte,
doch das ist nur auf dem Bild so, leider.
Die Wirklichkeit sieht anders aus:
Kriege und Haß sind weit verbreitet
auf der Erde.
Ich hoffe, es wird bald Wirklichkeit,
daß auf der ganzen Welt Frieden ist,
nicht nur auf Bildern.
„Da berühren sich Himmel und Erde,
daß Frieden werde unter uns."

Nicole O

Vision

Wo der Geist ohne Furcht ist,
und Menschen das Haupt aufrecht tragen,
wo das Wissen frei ist,
wo noch nicht enge Mauern
die Welt in Teile zerbrechen,
wo Worte aus der Tiefe der Wahrheit kommen,
wo rastloses Streben
sich streckt nach Vollendung,
wo der klare Strom der Vernunft
noch nicht im öden Wüstensand
toter Gewohnheit versickert,
wo der Geist vorwärtsgeführt wird
durch Dich
in immer weitere Horizonte
von Gedanke und Tat –
zu diesem Himmel der Freiheit,
mein Vater,
laß mein Land erwachen!

Rabindranath Tagore

*Denn Du bist mein Fels und meine Burg;
um Deines Namens willen
wirst Du mich führen und leiten.*

Psalm 31,4

Menschen mit Visionen,
aufrechte Menschen,
Menschen durch Dich inspiriert
und geführt,
denen Du Ziel bist,
für diese Menschen,
diese Leitbilder,
diese Lichter auf dem eigenen Weg
möchte ich Dir, Gott, heute danken.

Hiltrud Mey

Vertrauen

Es kommt der Tag
an dem
das Wasser flußaufwärts fließt
Schneeflocken in der Luft stehenbleiben
Kinder zu erwachsenen Menschen
erwachsene Menschen zu Kindern reifen
sich die Welt in die verkehrte Richtung dreht
die Winde alles Vorhandene verwehen
der Boden aufgewirbelt
und fruchtbar wird für Besonnenheit

Sät dann wieder jemand Leben
könnte die Menschheit wieder
zur vollen Blüte gelangen.

                Margot Bickel

Er ist wie ein Baum,
der an Wasserbächen gepflanzt ist,
der zur rechten Zeit seine Frucht bringt
und dessen Blätter nicht welken.

                Psalm 1,3

Guter Vater,
ein neuer Tag bricht an.
Ein Tag,
der uns ungeahnte Möglichkeiten bietet,
die Welt für uns und für andere
schöner und lebenswerter zu machen.
Gib mir die Kraft, das durchzuführen,
was ich mir vorgenommen habe,
und nicht an unvorhergesehenen
Situationen zu verzweifeln.

Ich danke Dir dafür,
daß ich immer auf Dich hoffen
und Dir vertrauen kann.

                Imke Sieve

Träumen

Nenne Dich nicht arm,
weil Deine Träume
nicht in Erfüllung gegangen sind;
wirklich arm ist nur,
der nie geträumt hat.

                Marie von Ebner-Eschenbach

Jakobs Traum
Da hatte er einen Traum: Er sah eine
Treppe, die auf der Erde stand und bis
zum Himmel reichte. Auf ihr stiegen
Engel Gottes auf und nieder. Und siehe,
der Herr stand oben und sprach:
Ich bin der Herr, der Gott deines Vaters
Abraham und der Gott Isaaks. …
Ich bin mit dir, ich behüte dich, wohin
du auch gehst, und bringe dich zurück
in dieses Land.

              Gen 28, 12,13 u. 15

Alles nur ein Traum?!
Wie oft ertappe ich mich dabei,
daß nur das zählt,
was faßbar und zu beweisen ist,
guter Gott.
Laß mich meinen Träumen
Raum geben,
damit ich erfahren kann,
daß diese Welt Dimensionen hat,
die ich nur er-träumen kann.
Laß mich in meinen Träumen
etwas von Dir, Gott, erahnen.
Hilf mir, meine Träume
gemeinsam mit anderen zu leben.

                Anne Zerhus

Gott finden

Eure Zukunft und Euer schwerer,
gefährlicher Weg ist dieser: reif zu werden
und Gott in Euch selbst zu finden …
Stets habt Ihr Gott gesucht,
aber niemals in Euch selbst.
Er ist nirgends sonst.
Es gibt keinen andern Gott,
als der in Euch ist.

        Hermann Hesse

*Denn schon erschaffe ich
einen neuen Himmel
und eine neue Erde.*

        Jes 65,17

Oft habe ich Dich gesucht –
in Zeichen und Bildern,
in Menschen und Situationen.

Oft habe ich nach Dir
und Deinem Willen gefragt –
doch nichts und niemand
konnte mir die Antwort geben,
nach der ich mich so sehne.

Dann habe ich erkannt:
Du bist der Gott in mir.

Du bist mein Leben,
    meine Liebe,
        mein Morgen.

Deine Stimme in meinem Herzen
eröffnet mir einen neuen Himmel und
eine neue Erde.

Danke.

        Elisabeth Pros

Grau in Grau

DIE FARBE GRAU
Ist Grau
nicht die traurigste Farbe der Welt?
„Ich sehe alles grau in grau".
„Das ist graue Theorie".
„Mich packt das kalte Grauen".

Mit Grau gemischt, sind alle Farben
trübe
gebrochen
tot.

Und doch:
Wenn es Nacht wird
und Dunkelheit dein Auge erfaßt,
schöpfst du aus dieser Farbe
wieder Hoffnung.
Du sagst:
„Der Morgen graut".

               Heinz Sauermann

Denn siehe,
Finsternis bedeckt die Erde
und Dunkel die Völker,
doch über dir
geht leuchtend der Herr auf,
seine Herrlichkeit erscheint über dir.

               Jes 60,2

EINE GRAUE SZENE
Der riesige Berg wirkt bedrohlich.
An manchen Tagen verliere ich mich
in solch einem grauen Meer.
Die Menschen um mich herum
interessieren mich nicht.
Der Gedanke
an noch nicht erledigte Sachen
macht mich noch träger.
Ich weiß nichts mehr,
ich will auch gar nichts mehr wissen.
Herr, ich weiß, daß auch solche Tage
zu meinem Leben gehören,
und ich bin froh und dankbar zu wissen,
daß Du wie dieser Leuchtturm fest stehst
und mit unendlicher Geduld für mich leuchte
bis ich meinen Weg
wieder gefunden habe.

               Petra Furmar

Sehnsucht haben

Der kleine Prinz sagte:
„Ich liebe die Sonnenuntergänge sehr.
Komm, laß uns einen Sonnenuntergang
anschauen …"
„Da muß man noch warten …"
„Worauf denn warten?"
„Warten, bis die Sonne untergeht."
Du hast zuerst ein sehr erstauntes
Gesicht gemacht und dann über dich
selber gelacht. Und du hast zu mir
gesagt: „Ich bilde mir immer ein,
ich sei zu Hause!"

Antoine de Saint-Exupery

*Als Jesus am See von Galiläa
entlangging, sah er Simon und Andreas,
den Bruder des Simon, die auf dem
See ihr Netz auswarfen; sie waren
nämlich Fischer. Da sagte er zu ihnen:
Kommt her, folgt mir nach! Ich werde
euch zu Menschenfischern machen.
Sogleich ließen sie ihre Netze liegen
und folgten ihm. Als er ein Stück
weiterging, sah er Jakobus, den Sohn
des Zebedäus, und seinen Bruder
Johannes; sie waren im Boot und
richteten ihre Netze her. Sofort rief er
sie, und sie ließen ihren Vater Zebedäus
mit seinen Tagelöhnern im Boot zurück
und folgten Jesus nach.*

Mk 1, 16–20

Manchmal weiß ich gar nicht,
wo ich hingehöre:
Ich habe tausend Fragen,
tausend Wünsche,
tausend Hoffnungen.
Ich fühle mich wie in einem Boot
allein auf einem See und weiß nicht,
wo ich an Land gehen soll.
Aber mir ist klar,
daß Schule, Arbeit, die Clique,
Sonntag, Montag, Dienstag …
nicht alles sein kann!

Jesus hat den Jüngern ein Zuhause gegeben,
kein bequemes, kein festes, kein leichtes –
aber er hat ihre tausend Fragen
und Wünsche und Hoffnungen
ernstgenommen.

Manchmal wünschte ich mir,
es käme einer und zeigte mir,
wo ich hingehöre.
Hilf mir weitersuchen
und mein Zuhause finden, Gott.

Ansgar Imwa

Hindernisse des Lebens

Es ist tröstlich,
daß an den Tiefpunkten unseres Lebens
immer wieder Menschen stehen,
die uns bei Enttäuschungen aufrichten
und den Weg in die Zukunft aufzeigen.
Selbst wenn wir keinen Menschen hätten,
der uns versteht und weiterhilft:
Es gibt Einen,
der in allen Irrungen und Wirrungen
unseres Lebens
in ungebrochener Treue zu uns hält.

Das Tor,
das zum Leben führt,
ist eng,
und der Weg dahin ist schmal,
und nur wenige finden ihn.

Mt 7, 14

Herr,
immer wieder stoße ich
an Punkte des Lebens,
wo ich nicht weiter weiß.
In diesen Momenten
ist der Ruf nach Dir laut.
Immer, wenn ich spüre,
die schwierigen Pfade des Lebens
nicht meistern zu können,
ist der Glaube an Dich groß.
Laß mich nicht
den einfachen Weg gehen,
sondern auch
die Herausforderungen des Lebens suchen.
Gemeinsam möchte ich mit Dir
die Höhepunkte des Lebens genießen
und nicht nur bei Niedergeschlagenheit
nach Dir verlangen.
Nur so kann ich mich
den Hindernissen des Lebens stellen.

Frank Lammerdi

Licht des Herzens

Du darfst nicht,
sagte die Eule zum Auerhahn,
Du darfst nicht die Sonne besingen.
Die Sonne ist nicht wichtig.

Der Auerhahn nahm die Sonne
aus seinem Gedicht.

Und es war finster.

Rainer Kunze

*Zwar sitze ich in der Finsternis,
aber der Herr ist mein Licht.
Er wird mich hinausführen ins Licht,
ich werde seine Heilstat erleben.*

Micha 7, 8–9

Herr,
der Tag geht zur Neige,
die Sonne senkt sich
in die Umarmung der Erde,
es wird finster,
und wir suchen ein Licht,
um nicht die Orientierung
zu verlieren.
Auch am Tage
erleben wir finstere Augenblicke,
Enttäuschungen und Hoffnungslosigkeit.
Irrlichter und Scharlatane
scheinen einen Ausweg
aus der Finsternis zu versprechen.

Herr,
führe uns auf den richtigen Weg,
das einzig wahre Licht zu finden,
damit wir die Dunkelheit
abstreifen können,
um dann selbst
Bringer des Lichtes des Herzens
zu werden.

Helena Lammerdi

Eins sein

Ich bin das Land,
meine Augen sind der Himmel,
meine Glieder die Bäume.
Ich bin der Fels,
die Wassertiefe.
Ich bin nicht hier,
die Natur zu beherrschen
oder sie auszubeuten.
Ich bin selbst Natur.

    Gebet der Hopi-Indianer

Da formte Gott, der Herr,
den Menschen aus Erde …

    Gen 2, 7

Oft vergessen wir,
daß wir nur Gast auf dieser Erde sind
und sie für die, die nach uns kommen,
bewahren müssen.

Herr,
hilf mir zu erkennen,
daß ich nur ein Teil
Deiner Schöpfung bin.
Hilf mir,
eins zu sein
mit mir,
meiner Umwelt
und Dir.

    Ruth Rießelma[nn]

Rasten

Rast!
Gast sein einmal.
Nicht immer selbst seine Wünsche
bewirten mit kärglicher Kost.
Nicht immer feindlich nach allem fassen;
einmal sich alles geschehen lassen
und wissen:
Was geschieht, ist gut.

Rainer Maria Rilke

Gott, wie köstlich ist Deine Huld!
Die Menschen bergen sich
im Schatten Deiner Flügel,
sie laben sich
am Reichtum Deines Hauses;
Du tränkst sie mit dem Strom
Deiner Wonnen.
Denn bei Dir ist die Quelle des Lebens,
in Deinem Licht schauen wir das Licht.

Psalm 36, 8–10

Herr,
niemand kann sein Leben
aus eigener Kraft bestreiten.
Schenke uns die Erfahrung,
daß Dein Wort unser Leben reich macht.
Schicke uns hin und wieder Menschen,
die uns zur Quelle werden,
wo wir neue Kräfte sammeln können,
und laß uns den „Durst" anderer
Menschen erspüren
und ihnen zur Quelle werden.

Adelheid Rol

Hoffen

Ein Grashalm
zaubert den Frühling nicht herbei,
aber soviel Kraft hat er,
um mit seinem grünen Leben
den toten Asphalt zu durchbrechen.
Eine Wüste kann ich nicht
an einem Tag verändern,
aber anfangen kann ich
mit einer Oase.

                        Phil Bosmans

Für jetzt bleiben
Glaube, Hoffnung, Liebe,
diese drei;
doch am größten unter ihnen
ist die Liebe.

                        1 Korinther 13,13

Guter Gott,
Du schreibst auf krummen Wegen gerade,
wo Steine sind, läßt Du es blühen,
wo Wüste ist, ermöglichst Du Leben,
und wo Verzweiflung ist,
spendest Du neue Hoffnung.

                        Arnold Kalvela

Beachten

ie Rose

Von Rainer Maria Rilke gibt es aus der Zeit seines ersten Pariser Aufenthaltes diese Geschichte:

Gemeinsam mit einer jungen Französin kam er um die Mittagszeit an einem Platz vorbei, an dem eine Bettlerin saß, die um Geld anhielt. Ohne zu irgendeinem Geber je aufzusehen, saß die Frau immer am gleichen Ort. Rilke gab nie etwas; seine Begleiterin gab häufig ein Geldstück.
Eines Tages fragte die Französin verwundert nach dem Grund, warum er nichts gebe, und Rilke gab zur Antwort: „Wir müßten ihrem Herzen schenken, nicht ihrer Hand." Wenige Tage später brachte Rilke eine eben aufgeblühte Rose mit, legte sie in die offene, abgezehrte Hand der Bettlerin und wollte weitergehen. Da geschah etwas Unerwartetes: die Bettlerin blickte auf, sah den Geber, erhob sich mühsam von der Erde, tastete nach der Hand des fremden Mannes, küßte sie und ging mit der Rose davon.

Eine Woche lang war die Alte verschwunden. Nach acht Tagen saß sie plötzlich wieder wie früher am gewohnten Platz. Sie war stumm wie damals. „Aber wovon hat sie denn all die Tage, da sie nichts erhielt, nur gelebt?", fragte die Französin.
Rilke antwortete: „Von der Rose ..."

*Herr, was ist der Mensch,
daß du dich um ihn kümmerst,
des Menschen Kind,
daß du es beachtest?*

Psalm 144, 3

Gott, Du bist groß!
Und doch weißt Du um mich.
Du siehst mich.
Du beachtest mich.
Wie die Flechte auf dem Felsen
nur leben kann,
wenn sie Feuchtigkeit erhält,
wie die Bettlerin angewiesen ist darauf,
daß Menschen ihr nicht nur
etwas geben,
sondern ihr Zuneigung schenken
und sie beachten,
so habe ich es nötig,
daß Du mich beachtest.
Ich danke Dir,
daß Du meinen Namen
in Deine Hand geschrieben hast
und mich nicht vergißt!

Heinrich Tapho

Regenbogenfarben

Als Dein Gesicht
vor mir sich hob
und aufging über meinem Leben,
begriff ich erst:

Erbärmlich arm war ich.
Nichts konnte ich Dir geben.
Du schenktest mir
den Wald, den Fluß, das Meer
in immer neuen Farben.

Durch Dich erst
ist die Welt für mich gemacht
aus Regenbogenfarben.

              J. Jewtuschenko

*Meinen Bogen
setze ich in die Wolken;
er soll das Bundeszeichen sein
zwischen mir und der Erde.*

              Gen 9,13

Im Zeichen des Regenbogens
hast Du dem Menschen gesagt:
„Ich möchte eine Beziehung zu Dir!"

Der Regenbogen
als Zeichen Deiner Beziehung
hat viele Farben,
reicht bis auf den Boden,
umspannt den Horizont,
entsteht an der Grenze
von Licht und Dunkelheit
und ist da und doch nicht zu fassen.

Guter Gott, ich danke Dir
für das Angebot
Deiner Nähe und Zuwendung
und für die Erfahrung,
daß Du wie ein Licht
Dunkelheiten meines Lebens
in Regenbogenfarben
aufscheinen läßt.

              Willi Rolf

… das Herz weiten

Schaue ins Weite –
und Dein Herz wird weit!

Vertrau ihm, Volk,
zu jeder Zeit!
Schüttet euer Herz vor ihm aus!
Denn Gott ist unsere Zuflucht.

Psalm 62,9

Mein Gott,
ich möchte Dich lieben
aus ganzem Herzen –
doch mein Herz
hängt an so vielen Dingen.
Schenke mir Kraft,
mich von all dem zu befreien,
was mein Herz hindert,
Dich zu sehen.

Andreas Adelmey

Der Baum – Zeichen des Lebens

Willst Du vertraut werden
mit einem Baum,
dann schau genau hin, was er Dir zeigt.
Du wirst seinen Reichtum
und seine Armut sehen:
Sein Erwachen und Blühen im Frühling,
seine Früchte im Sommer,
sein Sterben im Herbst
und sein Totsein im Winter.
Willst Du vertraut werden
mit einem Baum,
dann vergreife Dich nie an seinen Wurzeln,
sonst stirbt er für alle Zeiten.
So ist es auch mit einem Menschen.

Phil Bosmans

Gesegnet der Mann,
der auf den Herrn sich verläßt
und dessen Hoffnung der Herr ist.
Er ist wie ein Baum,
der am Wasser gepflanzt ist
und am Bach seine Wurzeln ausstreckt:
… auch in einem trockenen Jahr
ist er ohne Sorge,
unablässig bringt er seine Früchte.

Jer 17, 7f

Herr, der Baum ist ein Zeichen des Lebens
und daher auch Zeichen meines Lebens.
Er lebt vom Licht, vom Wasser
und von der Kraft der Erde.
Im Baum kann ich mein Leben erkennen.
Ein Baum muß Wurzeln schlagen,
damit er Halt, Festigkeit und Nahrung
gewinnt.
Ohne Wurzeln kann ein Baum nicht leben.
Herr, hilf mir, Wurzeln zu schlagen,
Wurzeln, die mich halten, tragen und nähren,
Wurzeln, die mir Lebenskraft geben
und mich belastbar machen.
Der Baumstamm,
aus vielen Wurzeln eins geworden,
teilt sich wieder.
Er verzweigt sich und wird mehr.
Auch ich muß mich entfalten,
größer werden,
aus mir herausgehen,
mich verschenken.
Gib Du mir Mut,
auf andere Menschen zuzugehen,
damit ich nicht einsam und arm bleibe.

Bernadette Haskan

Steine im Weg

Auch aus Steinen,
die einem in den Weg gelegt werden,
kann man Schönes bauen.

Johann Wolfgang von Goethe

*Der Stein,
den die Bauleute verworfen haben,
er ist zum Eckstein geworden.*

Mk 12,10

Sei bei mir, Herr,
auf meinem Weg,
geh mit mir Schritt für Schritt
durchs Leben.
Nicht nur, wenn ich über Blumenwiesen
und Regenbögen des Glücks laufe,
sondern auch dann,
wenn ich an Hindernisse stoße,
sollst Du mir nahe sein.
Der Weg des Lebens
ist keine gut ausgebaute Autobahn,
sondern gleicht häufig
eher einem Trampelpfad durch wildes Geländ
mit vielen Seitenwegen, Steigungen
und Steinen im Weg.
Begleite Du mich wie ein Freund,
so daß ich nicht allein
meinen Weg suchen muß.

Walter Nupha

Chaos

Der Tag beginnt,
die Wahl des Shirts, der Käse,
das Fernsehen und der Kuß,
der Bus, die Straße und Zeitdruck,
der Penner mit viel Zeit,
alles Durcheinander, keiner ist für dich,
die Schule, die Lehrer, niemand mit Verstand,
schon wieder nicht cool
und jetzt vollkommen out,
alles versucht und keiner hat es gesehen,
die Leistung nicht erreicht,
die Freundin nicht verstanden,
und jetzt auch noch jemand,
der alles wissen will,
da kann man doch nur schreien,
jetzt die Flucht nach vorn,
hier hält man es nicht aus,
die Straße – ein Ziel mit Zeit,
Menschen nicht vorhanden,
warum denn gerade ich,
wie kann es weitergehen,
jetzt nicht daran denken,
auch morgen ist ein Tag,
die Decke über den Kopf,
noch einen Blick zum Wecker,
sonst gibt es ein Chaos.

In der vierten Nachtwache kam Jesus zu ihnen; er ging auf dem See. Als ihn die Jünger über den See kommen sahen, erschraken sie, weil sie meinten, es sei ein Gespenst, und sie schrien vor Angst.
Doch Jesus begann mit ihnen zu reden und sagte: Habt Vertrauen, ich bin es; fürchtet euch nicht!
Darauf erwiderte ihm Petrus: Herr, wenn du es bist, so befiehl, daß ich auf dem Wasser zu dir komme. Jesus sagte: Komm!

Mt 14,25–29

Herr,
es ist sehr oft schwer,
im Leben klarzukommen.
Viele Anforderungen, Aufgaben
und Entscheidungen sind zu meistern
und zu bestehen.
Gib mir Kraft,
damit ich diesen Anforderungen
gewachsen bin,
gib mir Gelassenheit,
alle Aufgaben des Tages
in den Blick zu nehmen,
und gib mir Mut,
Entscheidungen zu treffen.

Reinhard Möll

... mich leiten lassen

Wer sich von Gott geführt weiß,
weiß, daß alles gut werden wird,
trotz tausend Zweifeln und Fragen.

Erheb' Dich über die Himmel,
o Gott;
Deine Herrlichkeit erscheine
über der ganzen Erde.

Psalm 57,12

Gott,
breite Deine Schwingen aus
und beschütze mich,
breite Deine Flügel aus
und leite mich,
breite Deine Liebe aus
und stärke mich.

Andreas Adelmey

Leben

Wir Sioux denken oft und viel über alltägliche Dinge nach, für uns haben sie eine Seele. Die Welt um uns ist voller Symbole, die uns den Sinn des Lebens lehren.
Ihr Weißen, so sagen wir, seid wohl auf einem Auge blind, weil ihr so wenig seht. Wir sehen vieles, das ihr schon lange nicht mehr bemerkt. Ihr könntet es auch sehen, wenn ihr nur wollt, aber ihr habt keine Zeit mehr dafür – ihr seid zu beschäftigt.

Weisheit der Indianer

Du zeigst mir den Pfad zum Leben.
Vor Deinem Angesicht
herrscht Freude in Fülle,
zu Deiner Rechten Wonne für alle Zeit.

Psalm 16,11

Gott, ich bitte Dich, laß mich mit meiner Zeit sorgfältig umgehen.
Oft bestimmen Geschäftigkeit und Termine mein Leben und verstellen mir den Blick für das Wesentliche.
Schenke mir auf meinem Weg immer wieder Zeiten der Stille, um Dich zu entdecken und Kraft für den Alltag zu schöpfen.
Laß mich den Menschen und Dingen um mich wach und aufmerksam begegnen und so etwas von der Fülle des Lebens spüren.

Beate Ellermann

Sprudeln

Die wahre Lebenskunst
besteht darin,
im Alltäglichen
das Wunderbare zu sehen.

              Pearl S. Buck

Jesus antwortete ihr:
Wer von diesem Wasser trinkt,
wird wieder Durst bekommen,
wer aber von dem Wasser trinkt,
das ich ihm geben werde,
wird niemals mehr Durst haben;
vielmehr wird das Wasser,
das ich ihm gebe,
in ihm zur sprudelnden Quelle werden,
deren Wasser ewiges Leben schenkt.

              Joh 4, 13–15

Guter Gott,
so wie das Wasser,
mit dem ich mich jeden Morgen wasche,
das ich jeden Tag trinke,
das so alltäglich ist,
werde Du immer mehr
die Mitte meines Alltags!
Schenke mir Deinen Geist,
damit ich Gutes denke!
Treibe mich,
in jedem Augenblick zu lieben!
Begleite mich besonders
in der Liebe zu den Menschen,
die mir sehr wichtig sind.
Tröste mich mit all dem,
was heute schwer wird für mich.
Schenke mir Deinen inneren Frieden
und eine Portion Gelassenheit.
Führe mich durch diesen Tag
und gib mir so die Kraft,
sprudelnd Deine Liebe zu leben.

              Karin Kr

Verdunkelt

Keiner ist weise,
der nicht das Dunkel kennt.

                Hermann Hesse

Hör dir dies an, Ijob! Steh still, um die Wunder Gottes zu betrachten. Weißt du, wie Gott ihnen Auftrag gibt, wie das Licht seiner Wolke aufstrahlt? Weißt du um der Wolke Schweben, um die Wunderwerke des Allwissenden? Du, dem die Kleider vor Hitze glühen, wenn die Erde unter dem Südwind liegt, wölbst du gleich ihm das Wolkenfirmament, das fest ist wie ein gegossener Spiegel? Lehre du uns, was wir ihm sagen sollen. Wir können wegen des Dunkels nichts vorbringen. Muß man ihm erst erzählen, wenn ich rede? Muß es erst einer sagen, damit es ihm mitgeteilt wird? Und nun, wenn man das Sonnenlicht nicht sieht, ist es verdunkelt durch die Wolken, ein Windhauch bläst und fegt sie weg. Vom Norden naht ein Lichtglanz, um Gott her ist schreckliche Herrlichkeit. Den Allmächtigen ergründen wir nicht, er ist erhaben an Macht und Recht, er ist reich an Gerechtigkeit; Recht beugt er nicht.

                Ijob 37, 14–23

Gott,
Du bist mein Gott, den ich suche.
Sieh, um mich herum ist Dunkelheit,
und ich spüre die Kälte der Einsamkeit.
Sorgen-Wolken liegen auf meiner Seele.

So schaue ich auf zu Dir,
doch es fällt mir schwer, Dich zu entdecken.
Gott, laß mich Dich finden
gerade in den Stunden meiner Ängste.

Schenke mir Zeichen Deiner Gegenwart.
Gib mir den Blick für Menschen,
die meine Sehnsucht nach Leben teilen.
Gott,
Du bleibst mein Gott, den ich suche.

                Michael Kro

Verabschieden

Es wird Abend.
Die Sonne geht unter.
Am Horizont ein warmes Licht,
Wolken am Himmel,
Schatten werden unheimlich.
Die Nacht kündigt sich an.
Angst vor der Nacht steigt auf.
Das Licht wird immer weniger.
Alles wird ruhig und schläft.
Der Tag verabschiedet sich.

Wir wissen nicht, was nach der Nacht kommt.
Wir hoffen auf einen neuen Tag.
Wir hoffen auf ein neues Licht am Horizont.
Wir hoffen auf neu erwachendes Leben.

Mein Gott, mein Gott,
warum hast du mich verlassen,
bist fern meinem Schreien,
den Worten meiner Klage?
Mein Gott, ich rufe bei Tag,
doch du gibst keine Antwort;
ich rufe bei Nacht
und finde doch keine Ruhe.
Aber du bist heilig,
du thronst über dem Lobpreis Israels.
Dir haben unsre Väter vertraut,
sie haben vertraut,
und du hast sie gerettet.
Zu dir riefen sie und wurden befreit,
dir vertrauten sie
und wurden nicht zuschanden.

Psalm 22, 2–6

Herr, so wie dieser Tag geht auch unser Leben.
Wir haben auch vor der Nacht des Todes Angst.
Wir wissen nicht, was uns dann erwartet. Wir
glauben aber an die Auferstehung nach dem
Tod.

Herr, hilf mir, mit meinem Sterben umgehen
können. Lasse mich nicht allein in meiner
letzten Stunde. Gib mir dann ein Zeichen, daß
Du mich auffängst. Lasse Menschen, die mir
nahestehen, um mich sein.

Herr, lasse auch mich bereit sein, bei einem
sterbenden Menschen die Hand zu halten,
ohne zu zögern. Gib mir die Kraft, auch
loszulassen, wenn ein guter Freund geht.
Gib mir den Mut, Kraft zu geben, für den Weg
zu Dir. Gib mir die Ausdauer, den Weg bis zum
Schluß mitzugehen.

Herr, dann brauchen wir keine Angst mehr
haben. Denn dann wird der Abend schön und
die Nacht nur kurz. Weil dann ein neuer Tag
beginnen wird. Und dieser wird dann ein
ewiger sein.

Mechthild Ev

... sich geborgen fühlen

Von guten Mächten
treu und still umgeben,
behütet und getröstet wunderbar,
so will ich diese Tage mit Euch leben
und mit Euch gehen in ein neues Jahr.

Von guten Mächten wunderbar geborgen,
erwarten wir getrost, was kommen mag.
Gott ist mit uns
am Abend und am Morgen,
und ganz gewiß an jedem neuen Tag.

Dietrich Bonhoeffer

Eines Tages stieg er mit seinen Jüngern in ein Boot und sagte zu ihnen: Wir wollen ans andere Ufer des Sees hinüberfahren. Und sie fuhren ab. Während der Fahrt aber schlief er ein. Plötzlich brach über dem See ein Wirbelsturm los; das Wasser schlug in das Boot, und sie gerieten in große Gefahr. Da traten sie zu ihm und weckten ihn; sie riefen: Meister, Meister, wir gehen zugrunde! Er stand auf, drohte dem Wind und den Wellen, und sie legten sich, und es trat Stille ein. Dann sagte er zu den Jüngern: Wo ist Euer Glaube?

Lk 8, 22–25a

Guter Gott,
ich weiß, daß Du immer bei mir bist
und Deine schützende Hand über mich hältst.
Und trotzdem
gibt es immer wieder Situationen,
in denen ich mich allein fühle,
in denen ich keinen Ausweg zu finden scheine,
in denen ich auch nur noch rufen kann:
Meister, ich gehe zugrunde!
Durch das Leben und Sterben
Deines Sohnes Jesus Christus
hast Du den Menschen
das sichere, sichtbare Zeichen gegeben,
daß Du für sie da bist.
Herr, hilf mir,
auch in schwierigen Situationen
auf Deine Hilfe zu vertrauen
und in Deiner Geborgenheit
auf die Ruhe nach dem Sturm zu warten.

Birgit Brokha

Voll Zuversicht in den neuen Tag gehen

Von guten Mächten
wunderbar geborgen,
erwarten wir getrost, was kommen mag.
Gott ist mit uns am Abend und am Morgen,
und ganz gewiß an jedem neuen Tag.

                Dietrich Bonhoeffer

Sucht den Herrn,
solange er sich finden läßt,
ruft ihn an,
solange er nahe ist.

                Jesaja 55, 6

Voll Zuversicht
in einen neuen Tag gehen.
Ganz darauf vertrauen,
daß der Tag gelingen wird.

Manchmal leichter gesagt, als getan.
Warum nur?
Vielleicht, weil ich nicht erkenne,
was am Tag
für einen Menschen wirklich wichtig ist.

Lieber Gott,
hilf mir bei der wunderbaren Aufgabe,
Mensch zu sein.

Wenn ich erkannt habe,
daß ich auf diese Hilfe vertrauen kann,
dann lebt's sich leichter,
dann kann ich voll Zuversicht
in jeden neuen Tag gehen.

                Maria Kö

Übernachten

Alles schaut düster
für mich aus,
ich sehne mich
nach einer Stimme, die mich anspricht,
nach einer Hand, die mich nicht losläßt,
nach einem Herz, das mich jetzt liebt.

Ein neuer Tag soll anbrechen.

Am gleichen Tag waren zwei von den Jüngern auf dem Weg in ein Dorf namens Emmaus, das sechzig Stadien von Jerusalem entfernt ist. Sie sprachen miteinander über all das, was sich ereignet hatte. Während sie redeten und ihre Gedanken austauschten, kam Jesus hinzu und ging mit ihnen. Doch sie waren wie mit Blindheit geschlagen, so daß sie ihn nicht erkannten. So erreichten sie das Dorf, zu dem sie unterwegs waren. Jesus tat, als wolle er weitergehen, aber sie drängten ihn und sagten: Bleib doch bei uns; denn es wird bald Abend, der Tag hat sich schon geneigt. Da ging er mit hinein, um bei ihnen zu bleiben. Und als er mit ihnen bei Tisch war, nahm er das Brot, sprach den Lobpreis, brach das Brot und gab es ihnen. Da gingen ihnen die Augen auf, und sie erkannten ihn; dann sahen sie ihn nicht mehr.

Lk 24, 13–16 u. 28–31

Du, ja Du, Gott, wo bist Du?
Ich sehe nichts.
Ich taste im Dunkeln.

Du, ja Du, wo bist Du?
Entnervt, enttäuscht,
bodenlos,
ich rutsche ab.

Du, ja Du, wo bist Du?
Mit mir ist nichts mehr los,
meine Chancen sind vorbei,
ich taste im Dunkeln.
Wie lange noch dauert die Nacht?

Du, ja Du, Gott, wo bist Du,

bist Du wirklich auferstanden?

Christian Rensi

Licht und Finsternis

ich glaube an jesus
und ich glaube auch an mich und an dich
ich glaube daß jeder mensch
diesen jesus als embryo in sich trägt
ich glaube daß der mensch
keine fehlkonstruktion ist
ich glaube daß ihm oft das klima fehlt
in dem er werden kann
was er werden sollte
ich glaube daß gott in jedem menschen ist
ich glaube daß mit dem menschen
auch gott übersehen wird
ich glaube daß jeder mensch
ein besonderer aspekt gottes ist
ich glaube daß gott in uns sterben kann
daß er in manchen schon gestorben ist
ich glaube daß gott in unserem leben
in freude in schmerz
in einsamkeit und gemeinsamkeit
ausgetragen werden muß
ich glaube daß gott in uns
das licht der welt erblicken wird

Wilhelm Wilms

*In ihm war das Leben,
und das Leben
war das Licht der Menschen.
Und das Licht leuchtet in der Finsternis,
und die Finsternis hat es nicht erfaßt.*

Joh 1, 4–5

Vater,
Du kennst mein Suchen und Fragen,
kennst meine Sehnsucht,
Angst
und Kraft,
eine Ahnung Deiner Liebe
mache mich hell
und weit,
eine Ahnung Deines Lichts
mache mich kraftvoll
und stark,
nun Mensch zu sein
unter Menschen.

Anne Ral

Quellenverzeichnis

„...n guten Mächten ..."
...trich Bonhoeffer, Widerstand und Ergebung,
...ristian Kaiser Verlag, München.

„...r Sioux denken oft und viel ..."
...he Recheis und Georg Bydlinski, Weißt du, daß
... Bäume reden – Weisheit der Indianer, Herder
...ag, Freiburg, 1986.

„...e Farbe Grau"
...nz Sauermann, Meine Bilder – Meine Gedanken,
...druck Goldmann GmbH, Schortens.

„...llst Du vertraut werden mit einem Baum ..."
... Bosmans, Ja zum Leben, Herder Verlag, Freiburg,
...ufl. 1983.

„...r kleine Prinz sagte: ‚Ich liebe
...Sonnenuntergänge ...'"
...oine de Saint-Exupery, Der kleine Prinz,
... Rauch Verlag, Düsseldorf, 39. Aufl. 1984.

„Ein Grashalm zaubert den Frühling
nicht herbei ..."
Phil Bosmans, Ja zum Leben, Herder Verlag,
Freiburg, 2. Aufl. 1983.

„Die wahre Lebenskunst ..."
Pearl S. Buck, in: Gedanken, Mira-Verlag,
Künzelsau.

„Wo der Geist ohne Furcht ist ..."
Rabindranath Tagore, Gitanjali, dt. Übers.
Dr. G. M. Muncker, Hyperion-Verlag, Freiburg 1958.

„Auch aus Steinen ..."
Johann Wolfgang von Goethe, Augenblicke
der Hoffnung, Edition Albert Schwarz.

„Wo Menschen sich vergessen ..."
Thomas Lauterbach, tdv-Verlag, Düsseldorf.

„ich glaube an jesus ..."
Wilhelm Wilms, Der geerdete Himmel, Kevelaer 5. Aufl. 1981.

„Ich bin das Land ..."
Sun Bear mit Wabun Wind, Die Erde liegt in unserer
Hand, München 1991.

„Rast!"
Rainer Maria Rilke, Joachim Feige/Renate Spennhoff
(Hrsg.), Wege entdecken. Biblische Texte, Gebete,
Betrachtungen, Schriftenmissions Verlag, Gladbeck/
Verlag Kath. Bibelwerk, Stuttgart.

„Es kommt der Tag ..."
Margot Bickel/Hermann Steigert, Pflücke den Tag,
Verlag Herder, 1981.

„Die Rose"
Rainer Maria Rilke, in: Geschichten für Sinndeuter,
hrsg. von der Bundesleitung der Deutschen
Pfadfinderschaft St. Georg, Georgs-Verlag,
Düsseldorf.

Autorenverzeichnis

Adelmeyer, Andreas
Jugendseelsorger/BDKJ-Präses

Brokhage, Birgit
1. Vorsitzende des BDKJ-Landesverband Oldenburg

Ellermann, Beate
Bildungsreferentin im Orientierungstageteam des BDKJ

Evers, Mechthild
Ehrenamtliche Mitarbeiterin im Dekanatsvorstand der KLJB

Furmanek, Petra
2. Vorsitzende des BDKJ-Landesverbandes Oldenburg

Haskamp, Bernadette
Ehrenamtliche Mitarbeiterin im Dekanatsvorstand der KLJB

Imwalle, Ansgar
Bildungsreferent des BDKJ

Kalvelage, Arnold
Stellvertretender Geschäftsführender Referent des BDKJ

König, Maria
Ehrenamtliche Mitarbeiterin im Landesvorstand der KLJB

Krone, Karin
Bildungsreferentin für das FSJ

Krone, Michael
Pastoralreferent

Lammerding, Frank
Bildungsreferent bei der KLJB

Lammerding, Helena
z. Zt. Hausfrau und Mutter

Meyer, Hiltrud
Bildungsreferentin im Orientierungstageteam des BDKJ

Möller, Reinhard
Referent für politische Bildung und Außenvertretung beim BDKJ

Nuphaus, Walter
Bildungsreferent für die KLJB

Otte, Nicole
Krankenschwesternschülerin

Proske, Elisabeth
Bildungsreferentin beim BDKJ

Rakel, Anne
Bildungsreferentin für das FSJ

Rensing, Christian
Bildungsreferent für Jung-Kolping

Rießelmann, Ruth
Ehrenamtliche Mitarbeiterin in der DPSG

Rolfes, Adelheid
z. Zt. Hausfrau und Mutter

Rolfes, Willi
Geschäftsführender Referent des BDKJ

Sievers, Imke
Ehrenamtliche Mitarbeiterin in der DPSG

Taphorn, Heinz
Offizialatsrat, Pfarrer in Bühren

Zerhusen, Anne
Bildungsreferentin

Abkürzungen:
BDKJ = Bund der Deutschen Katholischen Jugend, hier Landesverband Oldenburg
KLJB = Katholische Landjugendbewegung
DPSG = Deutsche Pfadfinderschaft St. Georg
FSJ = Freiwilliges Soziales Jahr